UNIVERSITÉ DE FRANCE

AGRÉGATION

DES FACULTÉS DE DROIT

CONCOURS DE 1885

COMPOSITION DE DROIT FRANÇAIS

PAR

Jean-Louis **DIDIER**

AVOCAT, DOCTEUR EN DROIT

LAURÉAT DE LA FACULTÉ DE DROIT DE BORDEAUX

PARIS

L. LAROSE ET FORCEL, LIBRAIRES-ÉDITEURS

22, RUE SOUFFLOT, 22

1885

IMPRIMERIE ROUILLÉ-LADEVÈZE

R.L.

TOURS

COMPOSITION

DE

DROIT FRANÇAIS

Des droits du vendeur de meubles non payé

Contrat synallagmatique et de bonne foi dans toutes les législations, la vente implique l'accomplissement de prestations réciproques, prestations dont l'exécution et la mesure doivent être envisagées à la lumière de l'équité, *ex æquo et bono*, lorsque la convention des parties ne viendra pas suffisamment éclairer, dans ses termes, le contrat envisagé. Mais, pas n'est besoin de recourir à l'équité, ou aux clauses que les contractants auraient pu librement adopter, pour déterminer les conséquences du défaut par l'une des personnes, parties au contrat, d'exécuter la prestation promise ; il nous suffit ici du caractère synallagmatique de la vente que nous indiquions au début pour faire dire que notre contrat serait alors boiteux, qui laisserait une partie maîtresse de la situation, en lui permettant de recevoir sans donner à son tour, — pour faire dire, enfin, que le contrat de vente perdrait son nom, du moment où nous ne trouverions pas la simultanéité de l'obligation. Lors donc que, dans une hypothèse particulière de vente, la vente de meubles, nous avons à rechercher quels sont les droits du vendeur qui a livré sa chose et n'a pas reçu le prix, *causa data causa non secuta*, il nous suffit de nous attacher fortement à la nature du contrat envisagé, à ses caractères, pour répondre à la question posée.

Mais si, avons-nous dit, la vente a été inscrite dans tous les Codes avec son caractère de contrat bilatéral, toutes les législations, n'ont pas été unanimes, au contraire, pour en déterminer les effets d'une façon identique. Comme preuve et commentaire de cette observation générale, nous allons, effleurant d'un mot une des théories les plus saisissantes de la législation romaine, montrer de quelles réponses différentes est susceptible la question qui nous a été soumise, selon que l'on envisage le droit de Rome, de notre ancienne France, ou les principes nouveaux déposés dans le Code civil par le législateur de 1804.

I

A Rome, les contrats en général, et le contrat de vente en particulier, ne sont pas translatifs de droits réels, mais seulement générateurs d'obligations. Ce n'est pas le lieu de rechercher ici s'il faut trouver la raison d'être de ce trait caractéristique de la théorie romaine des contrats dans l'idée d'élargir leur sphère d'application en les ouvrant aux pérégrins incapables d'acquérir la propriété quiritaire, ou bien dans ce fait qu'une législation primitive et empreinte, par suite, d'un matérialisme profond, ne pouvait facilement se résoudre à admettre un déplacement de droit réel quelconque par la seule force de la convention, du consentement échangé. Quoi qu'il en soit du motif qui a inspiré le législateur romain, retenons que le vendeur à Rome *s'oblige* seulement à transférer, non pas même la propriété, mais seulement la *vacua possessio;* l'acheteur, à son tour, *s'oblige* à payer le prix. Ainsi, au moment où le contrat de vente est parfait, nous trouvons deux obligations respectives, gardons-nous de dire corrélatives. Elles ne sont pas corrélatives, en ce sens que l'une sera envisagée indépendamment de l'autre. L'équilibre, il est vrai, doit exister entre les contractants, mais s'il nous était permis de suivre cette métaphore, nous dirions que, lorsque, en vertu de la foi donnée, une des parties a placé sa prestation dans l'un des plateaux de la balance, elle n'est plus maîtresse de la retirer, sous prétexte que l'autre plateau est resté vide. Dans la généralité de ses termes, la formule que nous venons de donner serait inexacte et elle serait contredite par les explications que nous allons donner à l'instant, si nous n'avions voulu montrer seulement, par cette image, l'indépendance connue qui existe à Rome entre l'obligation de l'acheteur et celle du vendeur, indépendance dont nous allons trouver tout à l'heure une application frappante et qui nous montrera une différence profonde entre les principes du droit romain et ceux du droit français.

Ces préliminaires étant posés, demandons-nous quels sont à Rome les droits du vendeur non payé. Nous ne disons pas, car cela serait inutile, les droits du vendeur *de meubles ;* il n'importe pas, en effet, de distinguer en droit romain l'objet mobilier ou immobilier de la vente, car cette législation n'a pas connu de disposition analogue à notre article 2279, 1er alinéa ; l'identité des principes régissant les meubles et les immeubles, en matière de revendication, tout au moins, justifie donc la généralité des termes que nous avons employés. Mais, si cette distinction n'est pas à établir à Rome, il en est une autre qui s'impose entre la vente faite à terme ou au comptant.

Et d'abord, prenons ce dernier mode de vente. Nous avons affaire à un vendeur qui, ne connaissant pas son acheteur, *non secutus fidem emptoris,* ou ayant un besoin immédiat d'argent, ne veut se dépouiller que s'il reçoit aussitôt les deniers promis.

Alors, de deux choses l'une : le vendeur a ou non exécuté la prestation promise : dans ce dernier cas, à une demande de l'acheteur qui, sans tenir les écus d'une main, voudrait recevoir de l'autre livraison de la chose, le vendeur répondra par le droit de rétention ; tant que vous ne m'offrez pas le prix, dira-t-il, je ne me dépouille pas de ma chose. Mais allons plus loin : le vendeur, plus confiant, a fait tradition ou mancipation de sa chose, suivant sa nature, espérant bien que son acheteur au comptant va s'exécuter sans trop tarder. L'acheteur ne payant pas, que va-t-il se passer ? Faut-il dire, en vertu de cette barrière que nous avons voulu précédemment établir entre le vendeur et l'acheteur, que le vendeur ne pourra pas revenir sur la tradition qu'il a faite ? Non, ce principe de l'indépendance des obligations ne va pas jusque-là, et les réserves que nous avons faites en l'exposant, trouvent maintenant leur raison d'être. Prenons, en effet, le paragraphe 41, titre I, livre II, aux *Institutes*, où Justinien s'exprime ainsi, déclarant rapporter une disposition remontant aux XII Tables : *Venditæ res et traditæ non aliter emptori adquiruntur quam si is venditori pretium solverit, vel alio modo ei satisfecerit, veluti expromissore aut pignore dato.* Ce texte, écrit pour l'hypothèse de la vente au comptant, comme le prouvent manifestement les derniers termes du paragraphe, nous montre que le vendeur non payé a fait une tradition sans cause, qu'il peut, par suite, revendiquer l'objet de cette tradition.

Est-ce à dire par là que la vente va être mise à néant, que le vendeur non payé, en un mot, est armé de l'action en résolution? Il n'en est rien, et la place du texte que nous venons d'invoquer le prouve surabondamment. Où se trouve-t-il ? Au titre de la vente? Non ; au titre *de divisione rerum*, où il est traité du transfert de la propriété. Or, nous l'avons dit, vente et transfert de propriété n'ont rien de commun. La vente reste donc debout malgré la revendication que nous avons ouverte, et cela est intéressant à constater parce que si l'acheteur qui vient d'être dépouillé de la chose par la revendication du vendeur, offre le prix à ce dernier, il est en droit d'exiger la remise de la chose, en vertu du contrat de vente lui-même.

Enfin, et pour en terminer avec les droits du vendeur au comptant, c'est en se basant aussi sur le contrat, qu'il a un droit absolument indéniable, celui de poursuivre le payement du prix vis-à-vis de l'acquéreur qui, s'apercevant un peu tard qu'il a traité à des conditions trop onéreuses, voudrait par son mauvais vouloir essayer de pallier les suites de son imprudence.

Nous allons voir l'imprudence se manifester encore, mais chez le vendeur cette fois, dans la seconde hypothèse qu'il nous reste à envisager, celle de la vente à terme. Ici le vendeur a eu confiance dans la solvabilité de son acheteur, *secutus est fidem emptoris;* c'est l'idée de crédit que nous voyons poindre. Or, disons-le tout de suite, les ventes à terme, rares peut-être dans le principe, n'ont pas tardé à devenir les plus nombreuses, surtout dès qu'un certain commerce s'est développé. Il est rare, en effet, dit M. Jourdan, (Introduction, page 1, de l'*Hypothèque*), que dans une convention synallagmatique les deux prestations aient pu s'exécuter toujours en même temps, et des rapports d'amitié ou de parenté entre cocontractants permettent d'affirmer que le crédit, pour n'avoir pas été très-développé à l'origine des sociétés, a dû y exister cependant. Toutefois si les besoins du commerce et même d'une vie sociale quelconque, préconisaient l'admission de la vente à terme, il s'en faut que la législation ait facilité l'accès de cette voie. Voyons, en effet, la situation du vendeur à terme : il consent à se dépouiller actuellement et d'une façon irrévocable, alors que son acheteur, lui, ne payera son prix qu'après un certain laps de temps. Arrivons au terme fixé : si l'acheteur paye, pas de difficultés ; mais s'il ne peut effectuer le payement promis, quels sont les droits du vendeur, ou quel est plutôt son droit ? Il n'en a qu'un, en effet : celui de poursuivre le payement du prix par l'action personnelle *ex vendito ;* du droit de rétention, il ne faut pas parler, en effet, en vertu même de l'hypothèse ; pour l'action en résolution, le vendeur ne saurait la puiser que dans une *lex commissoria* insérée dans le contrat, mais non dans la convention même où chaque partie s'est engagée parallèlement à l'autre, il est vrai, mais où chaque partie aussi suit, sans retour possible, la voie qu'elle s'est tracée sans avoir à rechercher si l'autre agit de même de son côté ; quant au droit de revendication, il est formellement refusé au vendeur : « *Sed si is qui vendidit, fidem emptoris secutus est, dicendum est statim rem emptoris fieri.* » (§ 41, *in fine*, 1, II, *Inst.*)

Mais on comprend facilement tout ce qu'il y a de désavantageux pour le

vendeur à n'avoir entre les mains qu'une action personnelle, inefficace le plus souvent. Voilà cependant tout ce que le droit civil romain avait fait pour le vendeur à terme ; et on pouvait alors qualifier d'imprudent, à juste titre, celui qui consentait à traiter dans de pareilles conditions. Cependant, le crédit étant l'âme du commerce, il fallait organiser la vente à terme sur des bases différentes. On y parvint par un détour. Lorsque la théorie des contrats innommés se fut formée dans le courant du 1er siècle de notre ère, et que le précaire eût été élevé ainsi au rang de contrat, il offrit un moyen commode de remédier aux inconvénients que présentait la situation du vendeur à terme. Au lieu de transférer la propriété de sa chose, le vendeur la livrera seulement à titre de précaire, transférant ainsi à l'acquéreur uniquement la possession. Ce dernier ne saura s'en plaindre car il aura ainsi tous les avantages de la chose ; quant au vendeur, il aura une situation toute différente, en cas de non-payement à l'échéance ; il reste muni, en effet, d'une action énergique, l'action en revendication, indépendamment des autres voies d'agir que lui donne la convention de précaire : action *ex præscriptis verbis*, interdit *de precario* ou *de clandestina possessione*. Il n'est pas besoin d'insister sur les avantages de cette nouvelle position du vendeur à terme, qui a désormais un droit exclusif, sans avoir à subir le concours des autres créanciers de l'acheteur insolvable.

Telles sont les dispositions de la loi romaine au sujet des droits du vendeur non payé. Ce sont ces principes qui passèrent dans notre ancienne France, où la pratique finit par leur faire subir certaines modifications.

II

Empressons-nous de le dire, les modifications apportées furent plutôt de forme que de fond. La vente, en effet, resta toujours uniquement créatrice d'obligations, seulement à l'aide de diverses clauses (vest et dévest, dessai-sine-saisine) et de certains procédés dont le nom ou la chose est l'œuvre des commentateurs (constitut possessoire, tradition symbolique, de brève ou de longue main), l'on finit par faire disparaître en fait la tradition qui s'effectuait réellement à Rome entre les parties, chez les Germains et les Francs devant le mallum, et, dans la féodalité, devant l'officier du seigneur. Mais le principe restait toujours entier et vivace, aux termes duquel la vente ne faisait qu'en-gendrer des obligations. Donc, dans notre ancien droit, il faut, dans l'examen de la question soumise, faire la distinction que nous avons établie dans la législation romaine, et reconnaître au vendeur non payé les mêmes actions dans l'un et l'autre cas. Tel est le principe. Mais il faut y apporter certains tempéraments dus à l'introduction d'une théorie nouvelle en matière de revendication mobilière. Tandis que le droit romain, en effet, admettait la revendication des meubles, parce qu'on ne pouvait les prescrire que par un an ou trois ans, suivant les époques considérées, le droit germanique, de son côté, imbu de l'idée des courtes prescriptions, admettait, en matière de meubles, une prescription instantanée. Un conflit s'élevait donc entre les deux droits qui se disputaient le domaine de notre ancienne France, et la lutte fut vive, ici comme sur tant d'autres points. Tantôt l'un l'emporta, tantôt l'autre eut le dessus, jusqu'à ce que finalement, à la fin du xvii° siècle, le triomphe resta à la théorie germanique, qui est devenue, depuis, l'alinéa 1er de l'article 2279 du Code Civil.

On voit facilement les conséquences de la lutte que nous venons d'indi-quer, en ce qui concerne le droit de revendication du vendeur de meubles. Suivant que l'une ou l'autre théorie dominait, ce droit lui appartenait ou lui était dénié. Mais, si nous constatons, sur un point, certaines intermittences de l'un des droits ouverts au vendeur de meubles non payé, ne faut-il pas déclarer que, d'un autre côté, une action nouvelle était mise aux mains de ce dernier, je veux dire l'action en résolution. Si nous en croyons Dumoulin, nul doute qu'il ne faille reconnaître au vendeur non payé une semblable action ; bien plus, cet auteur s'efforce de démontrer que la solution qu'il donne est puisée dans le droit romain. Mais cette assertion ne tendrait rien moins qu'à faire dire que le droit romain a connu la condition résolutoire tacite inhérente, chez nous, aux contrats synallagmatiques. (Art. 1184.) Mais, sans entrer ici dans l'examen d'une question un peu étrangère peut-être à notre sujet, disons qu'il est avéré aujourd'hui que Dumoulin, sur le point que nous signalons, est tombé dans un travers qui lui est familier : s'inspirant des principes qui lui paraissent les meilleurs en législation, il s'efforce, pour les imposer plus facilement à la pratique, de leur donner une couleur romaine. On peut dire qu'ici, par exemple, Dumoulin a eu la véritable intuition des principes en la matière, qu'il a édifié la théorie de l'article 1184 ; tel est le trait de lumière qui a jailli de son esprit, mais non du sein de la législation romaine.

Sous le bénéfice de ces observations, nous pouvons donc maintenir, comme formant le droit commun de notre ancienne France, les diverses solutions que nous avons admises pour le droit de Rome ; l'adjonction du précaire à la vente à terme se pratique de plus en plus, au rapport d'un professeur à la Faculté de droit de Montpellier, Serres, dans ses *Institutes*. C'est justement du précaire que sortira le privilège du vendeur, et on trouve encore des traces de cette filiation juridique dans certains actes un peu anciens des notaires du ressort de Toulouse : on y appelle *placement sur précaire* la subrogation faite au privilège du vendeur.

Les diverses influences que nous avons signalées dans notre ancien droit français devaient amener des changements réalisés en partie par notre législateur intermédiaire et consacrés définitivement par le Code civil. C'est cette étude qu'il nous reste maintenant à faire.

Nous diviserons en deux parties les explications que nous avons à présenter : nous rechercherons quels droits compètent, en droit civil, au vendeur de meubles non payé ; puis nous rechercherons, dans une seconde partie, quelles sont les dispositions de la loi commerciale sur ce point.

CHAPITRE I

DROIT CIVIL

De même que dans la partie romaine de notre Introduction, nous croyons indispensable de placer ici, au seuil des explications à présenter, quelques mots sur la façon de transférer chez nous la propriété mobilière. Le principe sur le transfert de la propriété a été déposé par le législateur, d'une façon générale, dans les articles 711 et 1138 du Code civil. Chez nous, peuple pourvu d'une législation spiritualiste sous l'influence du progrès et des idées, la propriété se transfère par la seule force de la convention ; telle est la théorie pure du Code civil, applicable aux transferts *inter partes* ou à l'égard des tiers. Pour les immeubles, la loi du 23 mars 1855 est venue exiger la transcription pour rendre le transfert de propriété opposable aux tiers ; pour les meubles, aucun changement n'a été apporté à la disposition de l'article 1141 du Code civil. Mais on est loin d'être d'accord sur l'interprétation à donner à cet article, et, lorsque nous disions, quelques lignes plus haut, d'une manière générale, que, tant pour les meubles que pour les immeubles, la convention seule en transférait la propriété *erga omnes*, nous taisions sciemment une controverse sur laquelle l'accord n'est pas fait encore aujourd'hui. Sans entrer dans l'examen détaillé de la question, disons que la possession de bonne foi, exigée par les derniers termes de l'article, nous paraît donner une raison péremptoire pour faire admettre que le transfert de propriété a bien lieu *erga omnes* par le seul consentement et que si le second acheteur, mis en possession celui-là, conserve la chose livrée, ce n'est point parce qu'il a été mis « en possession réelle », indépendamment de la convention intervenue entre lui et le vendeur, mais uniquement parce qu'il a prescrit, en vertu du premier alinéa de l'article 2279, une propriété qui reposait déjà sur la tête du premier acquéreur. La bonne foi exigée par l'article 1141 *in fine*, est nécessaire, nous le savons, pour permettre la prescription instantanée de l'article 2279, 1er alinéa.

Nous savons maintenant à quel moment est parfaite, *inter partes* et à l'égard des tiers, la vente qui a pour objet un meuble. Nous avons entendu parler uniquement des meubles corporels en général, la vente d'une créance étant soumise, quant à son opposabilité aux tiers, aux conditions de l'article 1690, et la vente d'un navire exigeant, dans le même but, la mutation en douane.

Pénétrons aussitôt au cœur même de notre sujet, et demandons-nous quels droits appartiendront à un vendeur de meubles qui n'aura pas été payé.

Devons-nous ici, comme à Rome et dans notre ancien droit, envisager tour à tour le cas de la vente au comptant et de la vente à terme ? Les explications que nous venons de présenter répondent négativement : chez nous, c'est la vente même qui transfère la propriété, d'où pas de différence à relever, à ce point de vue, entre la vente faite ou non au comptant. Mais, et pour indiquer tout d'un coup le cadre de nos développements, pas de vente possible, a priori, quand le transfert de propriété ne peut être réalisé ; d'où, en pressant cette idée, un acheteur qui ne peut être rendu propriétaire, a le droit de dire que la vente n'existe pas à ses yeux, d'où droit de résolution du contrat. Mais poursuivons et disons que, par une juste réciprocité, le même langage pourra être tenu et le même droit exercé par un vendeur qui ne reçoit pas ce qu'il est en droit d'attendre de son acheteur, c'est-à-dire le prix de vente. C'est là l'idée qui inspire l'article 1184, disposition générale dont l'article 1654 vient faire seulement une application à la matière qui nous occupe. Dans l'idée que nous venons d'exprimer, nous trouvons en germe l'action en résolution et l'action en revendication, cette dernière ouverte seulement à condition que l'application de l'article 2279, premier alinéa, ne vienne pas la paralyser. Quand nous aurons ajouté que le vendeur de meubles jouit d'un privilège pour le payement du prix, et qu'il peut avoir, dans un cas tout au moins, le droit de rétention, nous aurons achevé l'énumération des droits que la loi civile (nous laissons de côté, pour le moment, la loi commerciale) reconnaît au vendeur de meubles non payé.

Nous allons étudier dans trois alinéas : le droit de rétention et de revendication, — le droit de résolution, — et le privilège.

§ 1. — *Droit de rétention et de revendication*

Nous étudions ces deux droits dans un même paragraphe, parce que le second tend, par son exercice, au recouvrement du premier et que, dans l'un et l'autre cas, on trouve une place faite ici à la distinction qui nous a servi en droit romain à indiquer les droits du vendeur non payé.

Le droit de rétention, en effet, ne se comprend que dans l'hypothèse d'une vente faite au comptant ; l'article 1612 prévoit notre cas de la façon la plus précise : « le vendeur, dit-il, n'est pas tenu de délivrer la chose si l'acheteur n'en paye pas le prix et que le vendeur ne lui ait pas accordé un délai pour le payement. » Donnant, donnant, dira le vendeur à l'acheteur qui lui demanderait sans argent la délivrance de la chose.

C'est aussi dans l'hypothèse d'une vente au comptant que le deuxième alinéa du 4° de l'article 2102 dispose que « le vendeur peut même revendiquer les effets mobiliers tant qu'ils sont en la possession de l'acheteur, et en empêcher la revente, pourvu que la revendication soit faite dans la huitaine de la livraison, et que les effets se trouvent dans le même état dans lequel cette livraison a été faite. » Quel est le but du vendeur en procédant ainsi ? Ainsi que nous le faisions pressentir tout à l'heure, le vendeur réclame, en agissant de la sorte, le droit de rétention qu'il pouvait faire valoir sur la chose vendue au comptant. C'est une situation identique à celle que le dernier alinéa du 1° de l'article 2102 indique pour le locateur. L'un et l'autre demandent à reprendre leur position ancienne ; mais des conditions rigou-

.reuses, plus rigoureuses encore pour le vendeur que pour le locateur, sont tracées par notre article.

C'est ainsi qu'il faut d'abord que les effets soient encore entre les mains de l'acheteur. S'ils se trouvaient en effet entre les mains d'un sous-acqué- reur qui les eût acquis de bonne foi, ce dernier pourrait invoquer l'article 2279, 1er alinéa, et empêcher ainsi la revendication utile du vendeur originaire. Quant au premier acheteur, il ne saurait se prévaloir de la disposition favo- rable de l'article précité, écrite dans l'intérêt des tiers et du crédit public. Il ne peut prétendre, en effet, qu'il possède de bonne foi et ne se trouve donc pas dans les conditions exigées pour l'application de cet article.

C'est parce qu'il a un droit privatif sur l'objet vendu que le vendeur peut, aux termes de l'article 2102-4°, en empêcher la revente, pourvu toujours que cet objet ne soit pas sorti du patrimoine du débiteur. Cette disposition a été reproduite de l'article 177 de la *Coutume de Paris*, qui donnait ce droit au vendeur même lorsque la vente était faite avec terme : « Et néanmoins, encore qu'il eut donné terme, si la chose se trouve saisie sur le débiteur par autre créancier, il peut empescher la vente, et est préféré sur la chose aux autres créanciers. » Plus large aussi était cette même *Coutume de Paris*, qui, dans son article 176, permettait au vendeur de meubles, quand la vente était au comptant, de poursuivre sa chose « en quelque lieu qu'elle soit transportée, » organisant ainsi, en faveur du vendeur, une véritable action en revendication dont on n'avait pas limité le délai d'exercice.

Il en est autrement de l'action que le 4° de l'article 2102 reconnaît au vendeur ; elle ne peut être mise en mouvement que dans un délai très court, huit jours à partir de la livraison de la chose. Le vendeur devra donc être très attentif s'il veut pouvoir user efficacement du bénéfice qui lui est ouvert par notre article.

Enfin, dernière condition, il faut que les effets se trouvent dans le même état qu'au moment de la livraison. Cela veut dire qu'ils doivent avoir con- servé une individualité propre, être facilement reconnaissables. Si donc il s'agissait de denrées qui auraient été mélangées avec d'autres appartenant au débiteur qui vient de tomber en déconfiture (nous laissons de côté l'hypothèse de la faillite, car l'article 550 du Code de commerce refuse, dans ce cas, l'action qui nous occupe), il n'y aurait point place à l'action de l'article 2102-4°. De même, si les marchandises livrées avaient été incorporées avec d'autres ou subi des modifications qui ne permettraient pas leur retour à l'état primitif, la revendication serait également impossible.

Du rapprochement que nous avons fait en passant entre les dispositions de l'article 2102 et les articles correspondants de la *Coutume de Paris*, on a pu voir que des différences existaient, en dehors même de la divergence relative au transfert de la propriété. C'est, d'ailleurs, cette divergence qui permettait de dire alors que l'action du vendeur était une véritable action en revendication; mais chez nous, où le point de départ est diamétralement opposé, peut-on dire que l'action qui nous occupe mérite véritablement le le nom d'action en revendication? Sans entrer dans l'étude des raisons que l'on a fait valoir en sens inverse, à nos yeux (et la place que nous avons assignée à cette question, à côté du droit de rétention, le prouve suffisamment), il ne s'agit pas ici d'une véritable action en revendication, mais seulement d'une revendication du droit de rétention.

§ 2. — *Action en résolution*

Nous en avons déjà donné par avance le fondement rationnel. L'article 1654, en disposant que « si l'acheteur ne paye pas le prix, le vendeur peut demander la résolution de la vente », fait, avons-nous dit, une simple application de l'article 1184, introductif chez nous d'un droit nouveau en admettant une condition résolutoire tacite inhérente à tout contrat synallagmatique.

Il y a cependant une dérogation apportée à l'article 1184, en notre matière ; elle est contenue dans l'article 1657, qui décide que la résolution aura lieu ici de plein droit et sans sommation, au profit du vendeur, après l'expiration du terme convenu pour le retirement. Les besoins de célérité du commerce exigeaient cette dérogation à l'article 1184, et cette application de la prétendue règle : *Dies interpellat pro homine.*

L'article 1654 n'est d'ailleurs que la contre-partie de l'article 1610, qui fait lui aussi une application de l'article 1184, en faveur de l'acheteur. La vente sera donc mise à néant, et le vendeur pourrait trouver, en dehors de la restitution de sa chose, un fondement à des dommages-intérêts dans l'article 1382. Quant à la restitution même de la chose, elle ne pourra être, bien entendu, obtenue que sous la réserve de l'article 2279, 1ᵉʳ alinéa. En dehors même de cet article, il est une hypothèse où l'action en résolution n'est pas ouverte au vendeur, celle où une rente viagère a été établie comme prix de vente d'objets mobiliers. Aux termes de l'article 1978, en effet, le vendeur crédi-rentier « n'a que le droit de saisir et de faire vendre les biens de son débiteur et de faire ordonner ou consentir, sur le produit de la vente, l'emploi d'une somme suffisante pour le service des arrérages. » On comprend, en effet, que les arrérages représentant, outre le produit normal de l'objet aliéné, une portion même du capital, il était impossible de rétablir, d'une façon précise, l'ancienne situation entre le vendeur et l'acquéreur.

Comme, dans l'hypothèse d'une vente mobilière, les tiers acquéreurs se trouvaient à l'abri d'une action émanée du vendeur originaire, il n'y avait pas ici à remédier au danger qui existait en cas de vente d'immeuble, par suite de la survivance de l'action occulte en résolution à l'extinction du privilège de vendeur, remède apporté par l'article 7 de la loi du 23 mars 1855 ; il n'y avait pas ici à lier l'exercice de l'action résolutoire à la conservation du privilège du vendeur de meubles dont il nous reste à parler.

§ 3. — *Privilège du vendeur de meubles.*

Il nous est indiqué par le 1er alinéa de l'article 2102-4°. Nous avons signalé déjà la génération historique de cette disposition. Mais, pour que le privilège s'exerce, il faut que les effets vendus soient encore « en la possession du débiteur saisi. » L'article ajoute : « soit qu'il ait acheté à terme ou sans terme », simple allusion historique à un état de droit différent du nôtre.

Cependant, il est un cas où le privilège de vendeur le cédera devant un autre, celui du locateur ; l'article 2102-4° s'en explique. Mais il faut que le locateur ait cru que les objets appartenaient au locataire, qu'il soit de bonne foi, en un mot ; ce sera donc au vendeur de prouver la mauvaise foi de ce dernier. Le moyen le plus simple de couper court à ce différend consiste, de la part du vendeur, à signifier au locateur, au moment de l'introduction des meubles, qu'il n'a pas été payé.

Tels sont les principes du droit civil en notre matière ; voyons les modifications apportées par la loi commerciale.

CHAPITRE II

DROIT COMMERCIAL

Des deux droits que nous avons étudiés d'abord, dans la loi civile, il n'y en a qu'un, le droit de rétention, qui appartienne au vendeur non payé. Mais il existe un droit de revendication véritable organisé en faveur du vendeur, vis-à-vis de la faillite, dans les articles 574-579. Remarquons la disposition de l'article 576, qui permet la revendication tant que les marchandises ne sont pas entrées dans les magasins du failli ; dans une espèce soumise à la Cour de cassation, on avait recherché si le parterre d'une coupe de bois devait être considéré ou non comme magasin du failli ; il semble que la solution de ce cas particulier soit surtout une question de fait.

Quant à l'action en résolution, elle est ouverte au vendeur, en tant qu'elle ne lui constituera pas une situation privilégiée vis-à-vis des autres créanciers du failli.

La situation de vendeur ne donne pas, en effet, à ce dernier, un prvilège ; l'article 550 le décide ainsi.

12975. — Tours, imp. Rouillé-Ladevèze, rue Chaude, 6

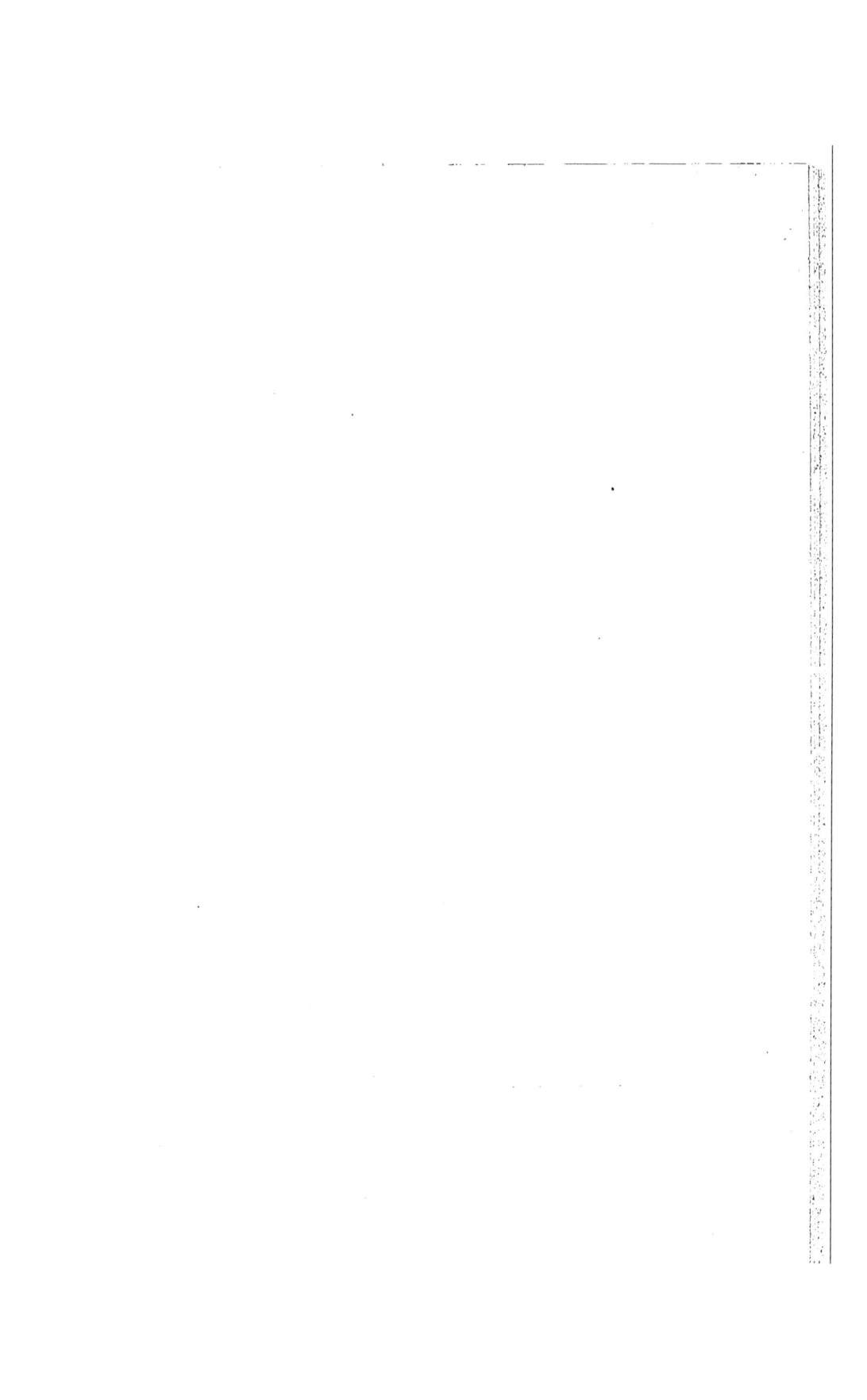

www.ingramcontent.com/pod-product-compliance
Lightning Source LLC
Chambersburg PA
CBHW050446210326
41520CB00019B/6089